COTIDIANA

Beatriz Barón Beraud

COTIDIANA

Prólogo de Stella García Baastians

USHUAIA

© 2025, Beatriz Barón Beraud
© 2025, Ushuaia Ediciones
EDIPRO, S.C.P.
Carretera de Rocafort. 113
43427 Conesa
info@ushuaiaediciones.es
www.ushuaiaediciones.es

Primera edición: noviembre de 2025

ISBN: 978-84-19405-54-8
Depósito legal: T-1087-2025

Diseño y maquetación: Ushuaia Ediciones
Cuadro de la portada: Beatriz Barón Beraud

Impreso en España – *Printed in Spain*

STELLA ESCRIBIÓ este prólogo a petición mía. Estaba ya muy enferma, pero eso no le impidió construir un texto tan poético. Ella era una poeta de los pies a la cabeza, una poeta a la que habría que publicar. Siento una emoción muy profunda al leer este prólogo. Stella escribió un canto a mi persona, un canto a nuestra amistad. Este es el mejor regalo que una puede recibir de una amiga que ha partido para siempre. Publicar sus palabras es mi forma de corresponderla, escribir su nombre para que encabece el libro me congratula. Aunque solo sea para reconocer todo lo que le debemos, aunque solo sea para reconocerla como poeta y como escritora.

BEATRIZ BARÓN BERAUD

Prólogo

DISFRUTO METIÉNDOME con Bea. Me lo pone fácil, en bandeja.

Quedó conmigo a pasar unas horas juntas por su barrio. Redescubriendo territorios propios incoherentemente desconocidos a pesar de su cercanía. A veces lo más sorprendente está sentado a tu lado, incomodándote con su presencia diaria. Hasta que un día te decides a saludar a la vecina. Y hasta abrir su nevera. Así, comimos mejicano, acariciamos (¡con la mirada!) hebras de colores de la fábrica de tapices que dibujaban figuras milímetro a milímetro y que meses después consigues reconocer. Bea es un tapiz confeccionado con muchísimo cuidado.

Es una nave industrial abandonada y reinventada como la Neomudéjar. Para invitarte a tomar algo en un rincón de una misma que resulta ser una nueva habitación tras la pared. Quién no ha pensado alguna vez que detrás del armario hay una galería de luz y secretos. Un zulo donde dormitar tranquila, sin ruidos ni miradas.

Cuando escribes en un lugar público te inventas cercas y cortinas densas buscando intimidad. Porque las palabras requieren (¡qué curioso requerir y no requerer!) un ambiente sereno, aunque sea en la multitud. Reflexiones intensas en muchedumbres en las que sin perspectiva no consigues respirar.

Hablar a terceros de ti no le veo el sentido. El cuerpo me tira a dirigirme a ti. Y a mí. Sin terceros. Quizá porque lo que estoy escribiendo es demasiado serio. Porque no hablo de mi poesía. Ni conmigo. Y tú eres mi poesía. He mamado contigo y creado nuestra maternidad. Las palabras que se mueven por territorios sensibles, como analgésicos. A veces, opiáceos. Que intentas controlar, manejar. Sin éxito. Hasta que decides entregarte. Dejarte llevar como estoy haciendo ahora. Que fluya el diccionario en todas sus formas. Y cree una llanura de inundación en la que recrearse con meandros. Y abandonarlos si la energía aumenta. Y depositar islas ojiva y continuar hacia el mar, que ya sabemos lo que es. Así que voy a dirigirme a terceros y a ti, cambiando de receptor y las normas de la comunicación, básicamente porque me da la gana.

Retenemos el agua en presas creyéndonos más listos que la gravedad.

Para reírnos de la muerte, que es el mar, como sabemos. Retrasar la hora final como hace Bea parando con palabras la corriente. Creyéndose nutria y gata nadadora. Sabe bien lo imposible. Y tranquiliza a sus gatos con caricias secas, sin riesgo de humedad.

Les guarda un sitio especial en la ciudad, donde si hay corrientes de agua es en las alcantarillas. Y más quisiéramos. Ni a eso llegamos.

Jo, Bea. ¡Qué forma más inteligente y sutil de perseguirme para estos nuestros temas de poesía!

Empiezo el día con una súper sonrisa. Siento confianza y amistad. Y eso me sostiene. Reconocerme en ti. Volverme a conocer. Conocerte conmigo. En nuestros conflictos con las lenguas maternas. Sentirme traidora disfrutando de mi lengua. Y no la de mi madre. Discapaces. Tantas culpas y sentimientos que nos unen. En el silencio.

Las personas con sensibilidades especiales me atraen y me aportan.

Se puede ser sensible y quejica y llorona. O usar la piel fina para expresar sentires jugando a esconderse y burlando dolores inconfesables, apilando palabras para no verlos. Tú eres la reina de la albañilería. Conjugas y montas muros transparente, bellos y visibles solo conociendo tus cimentos. Que no pueden ser más fuertes porque el dolor crea un sostén que se construye muy despacio, con inteligencia y tesón como tú has hecho. Por eso te admiro y a veces me da miedo mantenerte la mirada, porque me veo en ella. Y quizá me asuste. O me dé pudor. Que leas mi inconsciente, que creo opaco.

Los filtros retienen información modificando fluidos que quieren empapar sin dejar huella. Bebo un té pensando en la tabla periódica. En cuántas letras se han juntado aparentemente sin control para formar compuestos, que no por llamarse de otra manera, porque así juegan al escondite y sin una cromatografía se ríen de mí. Hay que precipitarlos (menuda palabra) para que se dejen ver. Precipítame, a esa frontera de lo micro. Al abismo de la verdad.

Te quiero vegana, guadiana.

El corrector se ríe conmigo poniendo palabras que yo no escribí. Pero me gusta guardiana, guadiana, gaditana. Y me confundo Cádiz con Huelva y todo su trayecto desde Ruidera. Qué palabra más divertida, ruidera. Como tu risa, cuando te brillan los ojillos y te ves obligada a abandonar el salón de las formas y los bailes encorsetados.

Aprendo contigo y de ti. De tus decisiones, sabias y profundas, aunque parezcan livianas. Y copio estrategias de sanación. De estructura y método. Pico y pala, pico y pala. Con esos breves descansos necesarios para mimar un ave fénix bebé que resurge varias veces al año de su letargo inventando inviernos de los que floreces cantarina.

No aprendo de ti con facilidad. Me cuesta. No quiero aprenderte. Tus silencios me van mostrando tramos del camino. Solo hasta la próxima curva. Serpenteante. Para ir despacio. Paladeando recovecos, zarzas y taludes. Sombras. Nubes y árboles que las crean. Y las mueven jugando al escondite. Entre nosotras hay amigas transparentes. No pueden esconderse, aunque lo quieran. Son predecibles. Llaman a la ternura. Tú no Tú me picas y me intriga dónde estará la próxima laguna de sabor.

Con los años el paseo se ha ido enriqueciendo. Eres una mina, pero no a cielo abierto (curiosa expresión) Parece oscura, pero te has currado la iluminación adecuada. Y puesto focos donde no hay que perderse.

Porque muchas podemos perdernos en tus adentros.

En automático. Así estoy expresando lo que me aportó nuestro último encuentro. Deduzco que si quieres que te prologue (prolonguen me proponen) voy a tener que verte, estudiar, diseccionarte. Con regla, cartabón y transportador de ángulos (por favor, qué expresión tan poética)

Los pinos de Arévalo. Tierras sin sembrar, aradas. Como cuando hibernas. Debería copiarte. Y marcar en el calendario tiempos de reposo, guardar energía cuando el alimento falta. Porque algunas necesitamos nutrirnos mucho para aliviar mucosas. Estomacales o estomagantes. El hambre duele. Pero no dormidas. Escribir es un estado de ánimo, una forma de reconocerse y darse un rato la mano a sí misma. Es una postura incorrecta, no presentable. Por eso es mejor no mostrar lo escrito que alumbra mis discapacidades, mis penumbras.

Francia. La vecina silente, que estremece con su presencia obligatoria. Siempre ahí, ineludible, metiendo el dedo en la llaga más profunda, que nunca cura, que como un virus rebrota cuando estás débil, reclamando atención, cuidados, para hacer costra y secar. Hasta la próxima. Asomando siempre y girando la vista cuando quieres enfrentarla. Domesticar algo salvaje en su esencia es una fantasía disfrutable pero invencible. Un juego recurrente de adrenalina y tensión inabarcable.

Tendría que ir explicando y traducirlo a la gente que no nos conoce. O sea, a todo el mundo.

Bea me lleva con su forma de estar (no de ser) a espacios donde no hace falta explicar. Y eso no es magia. Es brujería. Mi didáctica termina donde empieza Bea. Lo que hay que callar supera a lo contable (¡Me parto! ¡Contable!) Así que os dejo. Espero que aprendáis. Aunque ya os digo que es un viaje de aventura. Lento y complejo.

En vez de reflexionar y escribir tanto sobre nuestra relación decido leer el poemario, de forma ordenada, poema a poema. Siempre que leo, me perturbo y continúo leyendo desde el final. Debe de ser un tipo de dislexia que aún no me he tratado. Del mar aguas arriba.

COTIDIANA

Dos horas

Cada día tengo dos horas
donde extiendo las alas.
En la primera me abandono,
en la segunda palpito.
Halcón que sobrevuela el asfalto
en un intento de saciarse
y abandona el cielo
con el pico vacío y huero.

Cada día tengo dos horas
de desvanecimiento.
En la primera me calmo,
en la segunda despierto.
Flor mustia no regada,
abismos escarpados,
mañana áurea de soledades.

A lo lejos se atisba el desencanto.

Abro los ojos y no veo el mar,
abro los párpados y veo el cemento.
El cemento de esta ciudad enloquecida
tras las rejas de los psiquiátricos.

Cada día tengo dos horas
de pausa finita.
En la primera surge el color negro,
en la segunda la luz.
Una línea de lápiz en un cuaderno
escolar.
Una noche cualquiera desgarrando a las
personas.
Una mañana de viento que arrasa los
abismos.

Cada día tengo dos horas
de muerte.
En la primera fallezco,
en la segunda resucito.

Ataúd cubierto de tierra roja.
Muerte en el desierto de la ciudad.

Arrojo la piedra al lago
donde ondea su movimiento.

Así
pasan
los días
con la trémula
presencia
de la muerte
en la vida.

Me escribes

Tras muchos años me escribes.
Hablas de voz y de palabras.
Hablas de sueños enardecidos,
tiendes tu mano como una lluvia
torrencial.

Desde mi pequeño rincón,
rodeada por mis gatas
te leo y reconozco las tildes,
los acentos,
la fusión del lenguaje en tu boca.

Tantas cosas sucedieron
que apenas recuerdo alguna.
Es una vaga reminiscencia
cándida y exhaustiva.

Recuerdo el encuentro.
Las conversaciones en la tarde,
Madrid adormecido,
nosotras exultantes.

Recuerdo que éramos tres
y también dos perras
que avivaron el camino.

Pero todo esto es pasado
y yo ya no bebo de él.

Estoy vertida al presente,
mientras, se asoma un futuro fulgurante.

Soy otra,
he cambiado
aunque dicen que es imposible.
Ahora me alzo hacia las estrellas
en esta vida ardiente,
en esta vida sedienta,
en esta vida aciaga.

Transporto conmigo
todas las cadenas
que quebré algún día,
efervescencia.

Despierto efervescente,
la actividad me atrapa:
imán de hierro,
estruja mis pulmones.

Tras desayunar

Tras desayunar inicio mis tareas;
inicio la vida que detiene los
momentos;
inicio la respiración que acompasa
silencios.

Tareas variadas me fluyen de los brazos
como el sol que sale ubicuo,
lento latido,
poderoso.
Ejecuto mis placeres
con finura degustada.

Diamantes en bruto
con prismas resueltos.

Finalmente amanece
con la fuerza de un volcán
y el brillo de las hojas.

Entonces apago la luz
subo las persianas,
me deleito con la mañana,
intuyo el placer de la luz en mi rostro.

Tras este detenimiento
continúo forjando el hierro que me ocupa.
Disfruto de la acometida
como una niña silente,
como la tormenta en un día tórrido.

No es verano todavía,
las temperaturas son peldaños altos,
esperan en el rellano.

Así que abro bien las ventanas
para que entre el azul de la mañana
y asegure un día aliviado.

Tras las tareas escribo.
Escribo este poema que me surge
de puntillas.

La vida me sonríe.

Me dejo llevar por las olas del viento,
me dejo llevar por la luz que se arroja,
me dejo llevar por el silencio que calla.

Y así, deleitada
como en una bacanal,
inicio mi día.

Madrugada

En la madrugada solo se escucha el
silencio.
Silencio ferviente de cacerolas quietas;
silencio inefable de palabras dormidas;
silencio despierto de luz en los brazos.

En la madrugada dormís
en vuestra cama gris,
como dos cachorras.

Mis gatas amadas.
Amadas desde siempre,
amadas para siempre.

En la madrugada leo, escribo, cocino.
Mil momentos hermosos me
acompañan,
muchas vidas paralelas
con ronroneo incluido.

En la madrugada tomo decisiones.

Me apunto las tareas del día.
Cocino manjares silentes.

Me esperan muchas idas y venidas.
Me esperan las rosas del parque.
Me espera la mañana de aire.

En la madrugada despierto,
sueño profundamente.
Sueño hasta estallar
en un cristal roto,
en un devenir incierto.

En la vigilia siento el pálpito de la vida,
el cosquilleo de la existencia
punzante en mi piel.

En la madrugada pienso,
pienso en las guerras,
estruendo de voces altisonantes.

Bomba de fuego.
Bomba de miedo.

El móvil me proporciona las imágenes:
el estupor, el latido que se apaga.
El monstruo que devora la vida
desde hace muchos años.

Las guerras silenciadas
en los telediarios occidentales,
tiranía de los medios,
lengua hambrienta de miedos.

En la madrugada me reencuentro.
Escribo versos desde la paz,
desde un sosiego vital avergonzado.

Añoro el pálpito quedo,
la asombrosa estampa de mi juventud,
el pigmento brillante de la vida adulta.

El día acaba de comenzar,
me esperan las puertas cerradas,
los cerrojos olvidados,
el sol desenfrenado.

Empiezo a vivir
en el abismo,
sobre la cuerda estrecha
de la trapecista.

Las dictaduras muerden a los
individuos,
la vida se vuelve frágil,
el fuego atronador devora los

músculos,
tendidos los cadáveres en la cuneta.

Pienso.
Siento.
No puede ser de otra manera.
Aunque sea invisible
y me yerga impotente.

Tal vez llegue un futuro
donde no exista el dolor
que apuñala las heridas
que deviene huracán.

Tal vez,
pero no lo conozco.

Hoy pienso en dios

Hoy he dormido
como una osa hibernando
a la espera de la primavera.

Su esplendor crepita cual llama.

Hoy he desayunado
los regalos de la vida.
Un regalo la calma,
un regalo las viandas.

Hoy he estudiado francés,
he hecho mi lección de cada día.
Me he acercado a ti
y he rozado tu piel de sol.

Hoy pasearé por las calles de Madrid,
iré al Museo Arqueológico,
disfrutaré de tu compañía.

En un día nublado
una amenaza soterrada de lluvia
una luz impecable.

La certera danza de la belleza.

Hoy escaparé de la rutina
con la dicha de una infanta,
con el sosiego de las mariposas.

El cielo se cubre de blanco,

la ventana del comedor recibe la luz.

Luz otoñal de primavera,
luz de lluvia,
luz templada.

Mi casa se cubre con un manto
plúmbeo,
arrojo mis miedos al aire
donde se cruzan
los desmanes y los altibajos.

Hoy es un día bello
como el sol que se esconde,
como la casa que me abriga,
como las gatas que descansan,
como el elefante que recuerda
con su memoria legendaria.

Hoy salgo a la calle
como prisionera ávida.

Cogeré la puerta,
me deslizaré por las aceras
de este Madrid querido.

Hoy pienso en dios.
Su sombra en los edificios,

su poder totalitario.
Pienso que no existe,
que es un blanco en el folio
que ni habla ni susurra
ni se presenta en las tardes ateridas,
aunque algunos lo crean.

No existe, pero sí la belleza.

Laboratorias

Vosotras,
las cómicas eternas
con sonrisas amplias
y brazos abiertos.

Vosotras,
las que siempre estáis en la luz,
las que bordáis la sábana
de la inquieta curiosidad.

Vosotras,
amigas de reencuentros;
amigas de floridas conversaciones;
amigas de palabras nuevas.

Vosotras,
las teatreras,
las laboratorias,
las comediantes.

¿En qué lugar he de poneros?
¿En la ventana estelar
o en la puerta abierta?

Os pondré a mi lado
en mi cama mientras duermo,
en mi silla mientras escribo,
en mi cocina mientras guiso,
en mi baño mientras me ducho.

Os pondré a mi vera
en mi ordenador mientras estudio,
en mi mesa mientras desayuno,
en mi comedor mientras canto.
Y cantaré todas las canciones
que acontecieron un día
ante vosotras.

Bailaré todas las músicas
que barnizaron vuestra presencia
ante mi escucha.

Y no dormiré durante el día
aunque la siesta me reclame.

No dormiré por la tarde.

Estaré despierta
para recibiros.
Para recibir vuestro elixir,
para acompasar el ritmo del encuentro,
para anhelaros desde mi hogar
sombrío,
para deletrear vuestras palabras.

Mañanas estelares

Mis mañanas estelares
transcurren en silencio,
con la pausada cadencia
de un tiempo invisible y solo.

Entonces creo y escribo,
entonces estudio y leo.

Perla de mi día.
Camino prístino.

Millares de oscuridades
acechan mis ventanas.

La luz eléctrica lucha
contra bandadas fieras.

Es mi hora del día,
cuando estoy más despierta,
cuando aún las estrellas
flotan en el cielo
y la luna alardea solitaria.

Es el comienzo del día,
es la introducción mágica,
es la balada más dulce,
es la hora de las genias
Solo soy una aprendiza

Soy solo una aprendiza
de textos interminables.
Solo elucubro la esencia
del pálpito fugaz y duradero.

El tiempo pasa lento;
el tiempo pasa veloz.
No soy consciente del tiempo.

Solo una huella me deja
su atisbo de vida.

Aquí, desde mi rincón,
satisfago mi cabeza,
endulzo mi espíritu,
creo y escribo,
estudio y leo.

Nada se hace plúmbeo.
Todo es ligero.

Con mis dos gatas de fondo,
en primer plano.

Cita insólita

Transcurren las madrugadas
en un silencio temprano.

Todas las mañanas
tengo una cita con el despertar.

Temprano me levanto,
temprano abro los surcos,
temprano hilo las muestras.

Así, todo el día
pasa lento,
como un río.

Yo desperezada
observo el vaivén del tiempo,
ilusionada tal vez.

El día es largo,
yo cumplo mis pequeñas rutinas.
Cada hora tiene su significado.
Un despertar suave como el trino de
un pájaro,
un desayuno colorido y sensual.

Las horas dulces del inicio portentoso.
Cada pausa se expresa
en un entramado construido por mí.

Cada acción me reta a duelo.
Mantengo a raya mi enfermedad,
aunque a veces es mi abismo.

Pero soy testaruda como la piedra que cae,
el canto rodado desde lo más alto.

Acaba el día.

Yo, como las grullas me despliego.

En mi cama llamo a Morfeo
que me posee en una cerrazón estelar.

Hasta mañana.

Aún puedo decirlo.

Hasta el día en que tenga que partir
insoslayablemente.

Entonces no habrá excusas,
todo se tornará pálido,
me enfrentaré a mí misma.
Y sola, tal y como vine, me marcharé.

Mis gatas y el mundo

Mis gatas duermen apacibles
tranquilas en su hilo de viento,
amansadas voces silenciosas
en el relajo total del placer preciso.

Mientras, yo despierto cansada,
sin quietud.

En la noche
atestiguo los silencios,
un torbellino severo me envuelve
con total locuacidad.

La actividad comienza
ígnea y pura,
desayuno copioso tras los dientes,
mi segunda lengua me rodea.

Mis gatas no me miran.
Yo me afano en mis actividades.

Paralelos despiertos
que nunca se encuentran
perviven simultáneamente.

Luego la información sobre marzo,
mes de la mujer.

Abnegada en su lecho de cuchillos,
sufriente en el filo de la imposibilidad,
enlutada tras esa muerte aciaga,
luchadora que grita en los volcanes,
clarividente profeta del paraíso.

La antítesis de las armas,
la tesis de la esperanza.

Preparo mi voz para la manifestación.
Mi estentórea voz que dibuja ideales,
secuencia interminable de gritos y

consignas.
Multitud implacable desborda la
ciudad.

Mis gatas se estiran
como arcos de flecha tensionados.

Yo continúo mis quehaceres
ebria de cotidianeidad.

Hilvano tareas excelsas,
me convierto en diosa.
Creadora de lo decible y lo indecible.

Leo las noticias.
La guerra muerde los diarios
las mentiras de los medios se extienden
como un magma envenenado.

La OTAN reincide
en su violencia brutal,
con bandera estrellada

y escudo de acero.
Asegura el peligro,
asegura la sangre,
asegura la muerte.

Es el veneno que inyecta occidente,
sin piedad,
sin rima,
sin palabras.

Mudo proyectil de destrucciones
que derrama crueldad
y desoye las quejas.

Mis gatas en su palacio de cristal,
ajenas al devenir del mundo,
me saludan.

El ronroneo se hace estéreo,
el frotamiento contra mis piernas
sólido.

Yo termino mi actividad matinal
excepto la poesía.

Escribo este poema

Poema diáfano e indignado
de ternura infinita y brutalidad abierta,
de clarividencia certera,
de irritación enfurecida,
de dinamismo vertido al arte,
a la cultura.

Poema prístino
como la lluvia,
limpio como el cristal de mi vaso,
translúcido como el agua.

Poema estelar,
miríadas de luces en primavera,
en este mes de marzo
que anuncia el reencuentro;

en este mes de marzo
que abre un clima dulce,
pinta el verdor de los árboles,
la floración de los troncos.

Mis gatas maúllan,
me mandan mensajes inteligibles,
quieren comer,
quieren amar,
quieren disfrutar.

Yo me avengo a ellas,
les doy lo que piden.

Tras este poema locuaz,
tras este poema arrebatado,
tras este poema prolijo.

Acabo ya,
llega la luz,
el silencio se detiene,
bulle la ciudad,

acicalo mis sienes,
me preparo erguida
para un nuevo día.

Despertar

Todos los días
me llega el despertar
como una flor que se abre,
como una planta que crece.

Escucho el silencio de la mañana
cuando todas duermen
y solo las bombillas lucen su extravío.

Brillo
como cubertería de plata,
como yegua de latón,
como objeto circular.

Dejo mi impronta,
mis luminosos sentimientos,

mi alada fortuna.
Sobre un papel escurridizo,
bajo los faroles de la noche,
en un firmamento inventado por mí.

Todos los días
cumplo una misión salvaje.
Como las hiedras
que devoran el árbol
con su ansia ancestral
y sin desvaríos.

Amanece

Amanece,
la algarabía asciende su tono.
Invade los dulces espacios
de mi noche dormida.

Amanece,
el fulgor se cierne sobre mí
como una epidemia
que salvaje me devora.

Amanece,
la tierra explaya sus alas.
Paisajes alumbrados de eterna sombra.

Amanece,
no es el momento de las diosas

que anhelan el descanso
en sus fortalezas.

Amanece,
retumba la vida
con su zigzagueante paso,
con su desnudez impúdica.

No estoy preparada para esto.
Mi cuerpo se encoge en la cama.
Ansía la dulce noche.

En esta ciudad donde el ruido
es la eterna sinfonía,
donde los perros aúllan
y gimen los gatos.

No quiero afrontar el ciego tumulto
ni beber el agua que anega mis deseos.

No quiero despertar
en este día de viento
que me quiebra sin remedio.

Así, espero que el tiempo vuele
y arriben las costas del anochecer
cuando en mi mirada un brillo nazca
ante esta nueva realidad.

Anochece,
crece la esperanza,
el descanso se impone,
la paz del ocaso.

Viviré asida a la oscuridad
en perpetua guerra contra el día,
viviré bajo la luna
sintiendo el sol derramado sobre mí.

Esta es la vida que ansío.
La de las curvas ciertas,
la de las velas que crepitan,
la del manto negro
que florece tras la tarde.

Amanece.

Anochece.

En un hilo circular
donde yo me desdoblo.

Ley de vida,
opúsculo cenital.

Desatino

Un día más con el deleite alumbrado.

Mi sonrisa explora mundos,
olfatea todos los rincones,
degusta todos los anhelos,
arriba a costas certeras.

El mar en calma,
el sol alegre,
la brisa marina inerme.
Las vacaciones.

Mas aún estoy en Madrid.
Inserta en esta ciudad
hastiada de multitudes,
muchedumbres desilusionadas,

voces desoídas,
manifestaciones callejeras silenciadas.

Así es Madrid
y así es el país.

El nido de los políticos vampiros
de dientes afilados,
alimentados de herrumbre y parásitos.

Indiferentes ante tanto sufrimiento.
Implacables.

Y nosotras,
en el margen del abismo
somos cómplices y víctimas
de tanto desatino.

Prefiero

Prefiero la vida plena a la chispa etérea.
Movimiento ondular contra golpe seco.
La caricia al beso.
Una pluma en el aire, un acierto.

Prefiero la noche estelar a un cielo negro.
Millares de luces en el manto eterno.
La mañana a la tarde.
Luz espectacular, rayo que desciende.

Prefiero la luna fulgurante al sol
esplendoroso.
Noche de lobas, un péndulo abierto.
Lo temprano, lo breve, lo tardío, lo
longevo.
Una totalidad inusitada.

Prefiero vivir setenta años
a noventa sin conocimiento.
Vejez lúcida, espejo de vida.
La izquierda a la derecha.
El corazón a la calma.

Prefiero la lucha de las mujeres
al silencio de los varones.
Manifestaciones de marzo
siempre esplendorosas.
La ducha a una bañera.
Salpicar de agua y no ahogamiento.

Prefiero empezar a finalizar.
Niñez inocente que nunca concluye.
La palabra a los aromas.
Libros de viento afrontando los perfumes.

Prefiero la visión al olfato.
Un panorama amplio, un horizonte.
La soledad a la multitud.
En mi hueco dorado urdo todos mis
secretos.

Prefiero estar despierta a dormitar sin
cama.
Atenta al devenir de la vida,
atenta a la muerte.
La benevolencia al rencor.
Blanco de sábanas tendidas en la azotea.

Prefiero la bondad a la generosidad.
Luz que nunca se marchita
sobre manto dorado.
El camino llano a la cuesta infinita.
Pasear sin recovecos,
una línea recta y ondulante.

Prefiero el maullido de mis gatas
al ruido de la calle.
Animales, siempre animales.
Mis manos ocupadas
a mi mente preocupada.
Realizo el destino del viento.

Prefiero el desatino al desacierto.

No es un error equivocarse.
El fresco otoño al tórrido verano.
Las alfombras de hojas
en el suelo de la ciudad.

Prefiero la luz a la oscuridad.
El sol me susurra frases impredecibles.
La semblanza a la discrepancia.
Gemelo no, pero sí común.

Prefiero los sinónimos a los antónimos.
Busco semejanzas en altos
diccionarios.
Un dulce sollozo
a un abrupto grito.
Una lágrima invisible,
un golpe rotundo.

Prefiero no terminar y empezar de nuevo.
Inconclusa la tarea siempre será tarea.

Tu presencia a tu ausencia.
Cuerpo y hazaña en un solo verso.

Prefiero el teléfono a la
incomunicación.
En la distancia me arrojo a ti.
La música a la arquitectura.
Partituras longevas,
trino de pájaros.

Prefiero ser a no ser nunca.
Viva y sola me yergo.
La vida al sueño.
Consciencia pertinaz, largo latido.

Prefiero dormir agazapada
a despertar arrebatada.
Me escondo entre las sábanas
que devienen mi refugio.
El frío del invierno
al calor del verano.
Hielo y nieve, me resbalo.

Prefiero la muerte a una vida sin sentido.
Terminar con dignidad,
aplacar el miedo.

Y prefiero no preferir
sino elegir el camino tenue del acierto.

Hace calor

Desde temprano hace calor.
Penetra en la yema de los dedos
cual daga infinita,
torrente de luz acompasada
en las lágrimas del tiempo.

Yo resuelvo mis tareas
sin pausa.

El calor es omnipresente.

Potencial de muerte;
potencial de vida;
potencial que susurra su atrevimiento.

Hace calor.
Ya no me detengo.
Continúo mi labor,
acometo mis obligaciones.
Reúno todas mis fuerzas
para afrontar el día
dignamente.

Con el sólido latido de la veneración.

Hace calor.
Calor que entra por las ventanas,
arroja sus zarpas afiladas
al rostro dolorido
sin lágrimas de viento,
sin palpitar,
sin estallido.

Una ligera brisa
muy de cuando en cuando
es solaz de mi aturdimiento.
Acaricia mis brazos
que surgen como torres de ajedrez
que se deslizan por el tablero de la vida.

Sigue la mañana,
continúa el torrente
de palabras que derramo
en mi pantalla.

El mar infinito no me espera:
espejismo del alma en un rincón.

En esta ciudad dormida
de asfalto gris y humos llameantes.

Como broche final,
como postre exquisito,
tras la tarea de la lección de francés
ejecuto este poema.

Palabras balsas de paz

En la mañana dormida,
en el quejumbroso despertar
de la edad adulta
que despeja
vientos de bruma.

Aparece el día.

Lo intuyo
por los rayos del sol,
por el vibrar de la callejuela.

Yo en el abismo del límite
estrujo mis manos.
Declaro firmemente
que la poesía es eterna

y que eterna se derrama,
en los siglos ya pasados,
en los siglos venideros
como un puente de cristal
que se convierte en el círculo pertinaz
de la palabra oyente.

Tarde lenta

La tarde pasa lenta
como lametazos de gata.
Suspendida en el aire
que atestigua la soledad.

Esta soledad fructífera
que no logra colmar el día
y se adapta al tiempo,
y se posa en el espacio.

La tarde transita calurosa.
Los árboles sedientos
ejercen su estirpe.

La tarde se despereza
como en una siesta perpetua.

Dice ser suya,
se escapa a mi entendimiento.

Es el tronar de las horas,
las pausas del silencio,
el crepitar de un sueño no dormido,
el anhelo de la plenitud.

La tarde se alarga cruel
como una cuerda interminable.

Yo suspiro.

Me desespero.

Necesito que se desvanezca.

Que lleguen la noche y los búhos.
La oscuridad y las estrellas.
El descanso anhelado.

La noche vence a la tarde.
Es ley de vida.
Me enamoro de las tinieblas.

Cotidiana

Cotidiana.
¡Qué gran palabra certera!
como la flecha en la diana,
tan feliz pura voz de canto.

¡Qué vocablo tan luminoso!
como el ojo curioso.
Se posa suave en el alma.

Como la pluma del pájaro cantor
arriba a costas lejanas
donde el sol se derrama en las sienes.

Cotidiana.

En esta tarde de febrero
donde crece la ciudad,
en esta mañana dormida
que recorre las calles,
en este espacio recóndito,
cueva de secretos.
Sinuosa,
como una ola suave de mar
que cimbrea los guijarros.

Lame el alba,
se abre a lo inaudito.

Cotidiana.
Como plata y acero,
como seda y tafetán,
como terciopelo y lino.

Una tela que es el firmamento.

Las estrellas viajan fugaces.

La luna se posa rotunda.

El sol se acerca certero.

Pronto llegará el día.
Día para recomenzar.

Cotidiana.
Como tú
mi orgullosa gata
de rabo enhiesto;
como tú
mi dulce gato
que duerme los sueños;
como tú
mi amplia ventana
que cruje los sonidos.
Frena el aterido momento,
despliega ondas en el agua del lago,
eternas como la imposibilidad.

Cotidiana.
Como la noche que cae rotunda,
como el amanecer
fulgurante y soberbio,
como las plantas del parque
que crecen como edificios.

Yo en mi refugio me agazapo,
extiendo los brazos
como pájaro cantor.

Escribo y siento.

Y así es mi vida,
cotidiana.

Con las persianas de los párpados
alzados
y las manos generosas abiertas.

Así es mi andadura,
como un rayo

que se cuela en mi sonrisa,
como una sábana tendida
en la azotea de lo perpendicular,
como una penumbra
que se arquea recién nacida.

Cotidiana.
Tan etérea que te desdibujas
transparente,
palabra de cuerpo agazapado.

Eterno momento en el que late la vida.

Yo te sigo cada día
en el umbral de la noche
que hechiza a las brujas.
Yo te amo cada día
como a mi dulce ventana
de luces inciertas.

Cotidiana.
Es mi gran compañera,

mi alma serena se posa
sin rozar el cielo.
Habita las ramas del árbol florido.

Y ya
sin sinsabores,
sin desgracias
aciagas
camino
encima
del puente
cantando
versos
alados.

Me deleito

Madrugo
como pájaro rojo
que picotea la vida,
como loba exultante
que devora los manjares,
como insecto diminuto
que aletea en las penumbras.

Taciturna me centro en mis tareas.

Tras el desayuno
me aventuro en la lección.

Me deleito con el silencio
de la mañana aún oscura.

Me deleito
con la risa de la soledad,
la sonrisa del amanecer,
la brisa temprana y rauda.

Me deleito
con la compañía de mis gatas,
con el salón despejado,
con la despedida del calor.

Me deleito
conmigo,
yo en mi mismidad,
yo saludable.

Saludo a la luna.

Me deleito.
Ni más
ni menos.
Justo en su medida.
El deleite ajustado del lenguaje.

El poema tranquilo.
El poema que se vierte al mar.
El poema que surge de lo más hondo.

Y así escribo, precipitada.
Así despierto con el contorno del
lenguaje
en la punta de la lengua.

Así me deleito
como fiera que agarra su presa.

Me deleito.
Una mañana más
en la escalera de la existencia
deleitada.

Deleitada
atisbo
las palabras
que dibuja

mi alma polvorienta
y sueña
mi yo redundado.

Otra nueva madrugada

Son las cinco de la mañana.
Empiezo el día a oscuras.

Las ventanas lanzan un aliento fresco.

Las temperaturas han bajado
en este junio tórrido
donde al fin llega el descanso.

Me afano en mis tareas:
las físicas,
las intelectuales,
con la cabeza situada al norte;
con los pies sembrados en la madera;
con la cadera firme y la mirada fija;
con el pecho abierto al destino
con la sonrisa campando a sus anchas.

Las palabras sobrevuelan mis labios.
Las digo en bajito,
las tecleo deprisa.

Para que no se me escapen,
para que formen parte ya
del mobiliario de mi casa.
Palabras latentes.
Susurradas.
Sentidas.

En un pálpito desnudo,
en una iluminación sostenida,
en este comedor pequeño
que acoge con sus brazos
mi tremendo cuerpo.

Palabras sin rima
amueblan el poema,
decoran la estancia,
mullen el cojín
donde me siento

despierta.
Atenta al devenir
de los acontecimientos.

Nada es casual,
la causalidad brilla
en el entramado.
Como esa vieja palabra
que transita la escalera
de mis deseos.

Mouette

Emigráis a Madrid
al estanque de El Retiro.
Salpicáis con vuestra presencia
sus aguas onduladas.
Voláis desde el norte,
desde el sur,
desde el este y el oeste.

Os adentráis en la península,
en el centro solar,
en el centro del centro.

Gaviotas enloquecidas
revoloteando ansiosas
con los nervios como agujas,
vadeando el agua,
bordeando el estanque.

Sobrevolándolo.

Yo os miro
desde la escalinata.
Observo
vuestro acelerado movimiento
como picos y valles,
como acentos esdrújulos,
como oleaje azulado.

Me asombra que estéis aquí,
en esta seca ciudad
sin mares Egeos ni Mediterráneos.

Me asombra vuestra gracilidad,
el vuelo frenético,
la escalada aérea.

Os miro desde mi trono de piedra,
admiro vuestra destreza,
vuestras alas batientes,
vuestra mirada inquieta.

Aquí estoy,
en El Retiro.
En un día soleado de invierno.
Mirándoos
Admirando
vuestra presencia estruendosa.

Ante mí,
toda vuestra actividad
a ras de cielo.

Ante mí,
lluvia de estrellas
lluvia de trinos,
gárgaras infinitas.

Atronadoras.
Sonidos inefables,
vuelo insondable,
brincos ardientes.

Os veo.
Os escucho.
Os siento.

En esta mañana invernal soleada.

Soledad

Soledad.
Amiga de toda la vida.

Siempre estuviste a mi lado
como dolor,
como dicha.

Soledad.

Me acompañas cada minuto,
cada instante secular
en el péndulo del tiempo.

Siempre reconocible.
Incondicional.

Soledad.

Compañera de vida.

Escudriño tu esencia.
Me reconozco ante ti.

Eres mi espejo de mano,
aquel en el que te contemplo,
el que devora mi rostro.

Soledad.

Te acercas y te alejas.

Estás presente,
estás ausente.

Mas siempre puedo acudir a ti:
en caso de que la tristeza,
balbucee mi nombre,
en caso de erguirme sin sombra
en los desiertos.

Eres la amiga irrenunciable
que todo el mundo rehúye.

Tu fama es oscura.

Me devano los sesos.

Conmigo eres fiel
como una mascota.

Eres arrolladora
y pura.

Transparente.

Auténtica.

En ti no hay traición alguna.

Eres la camarada ideal
en una revolución.
Eres la compañera evocadora
en una relación.

Eres la colega más pertinaz.

Soledad.

Te envidio.

Tantas personas te habitan,
tantas criaturas se pertrechan
en tus hilos.

Tantos amores te ubican.

Eres mi ideal,
me liberas,
rompes la perpetuidad
deshilas lo rancio.

Paso días junto a ti,
nadie más me acompaña.
Juro que son días felices.

Soledad luminosa
que osas hacerme crecer.

Con la soledad
vivo cada instante pleno.

Con la soledad
penetro los rincones más turbios.

Ella es mi paraíso
mi infierno.

Mi pálpito vital,
mi exhalación desnuda.

Mañana

Otra mañana
se derrama sobre mí.
Abismo escarpado
que deviene trueno.

Aún reina la oscuridad,
borra los poemas.
Tras un sueño maldito y turbio.

Otra mañana
lucho con un poema.
A cuestas con él,
a cuestas con su estirpe.

Otra mañana de silencio,
estampida de vacíos.

La ciudad duerme,
despierto de mi pesadilla.

Otro día que llega arrebatador
con el ímpetu de las lobas
y la pasión de las osas.

Un sábado tranquilo
como el horizonte del mar,
un sábado de encuentro,
de cuerpos desnudos,
un sábado luminoso
con estrellas fugaces
que caen en los rincones de mi casa.

La luz muestra su presencia,
la luz
se vierte en mis ventanas,
la luz
sugiere amaneceres.

Amaneceres torrenciales.

En un segundo llegarán,
plenos como una pincelada,
pintarán de amarillo la estancia.

Entonces llegará el día
lleno de misterios callados,
colmado de colores estridentes.
Y aquí estaré
escribiendo sola,
escribiendo a la soledad,
al silencio inaudito de los aplausos,
a la mañana perpendicular
cual aguja enhebrada.

Estaré despierta
para acatar el tiempo
y la desavenencia,
para clavar el grito en la hoja,
para asegurar todas las palabras.

Tras estas palabras
un espíritu libre,

un alma alada,
una mano que con destreza
traza la línea de la vida
para habitar el futuro.

Futuro
incierto
de soledades
y gritos
aullados
en silencio.

Domingo de parque

Hoy me saluda El Retiro.

Un domingo de invierno
que olvidó el frío
y se tornó primavera.

La memoria es todo lo que tenemos,
una memoria que flota
en las aguas del tiempo
y como un velero infantil
se despereza.

Fuego del astro solar.
Domina.

El día despliega su viento
incondicional.
Me acompaña su fuerza
de aire argénteo.

Día de descanso,
fulgurante,
árboles florecidos,
árboles desnudos.

Con su tronco
honorable y orgulloso.

Palpo el calor del sol
que amarillea el paisaje
y trona su existencia.

Es un día claro
sin nubes de miedo
ni tormentas de vértigo.

Lo disfruto.

Lejos de ti,
mas cerca.
Inevitablemente.

Acaricio el desván de lo sólido
que se yergue ante nosotras
ofreciendo latidos quedos.

Calma ancestral.

El verde alfombra mis suelos,
se extiende eterno
entre una laguna manchega
y un parque madrileño.

¿Me enseñarás a no ser laísta?

Cotidiano el regalo.
Grandioso.

Izan las diosas sus alas,
me deslumbran.

En este nuevo tiempo
que iniciamos
con nuestra ilusión a cuestas
y la mochila de la vida
repleta.

Ellas no lo harían

La envidia insidiosa
transmite herencias de yugos,
traiciona a amigas y a amantes,
envenena la palabra y el nido.
La tórtola no sentirá esta envidia.
Solo volará hacia sus ancestros
para aprender la canción de cuna
que escuchó algún día.

La cólera erosiona las manos.
Lengua impertinente que devora
la paz y asola la vida.
La leona no tiene cólera,
solo camina hacia su camada
rugiendo perfumes violetas
rasgando la arena para correr desnuda.

La soberbia grita su estirpe
en una guerra interminable.
Desde la cima altisonante del eco.
La jirafa no vive la soberbia,
alza su cabeza calma
para poder comer el fruto anhelado.
Corre con músculos ardientes y
humildes.

La avaricia se frota las sienes
en un deleite excesivo
de venas henchidas que acumulan.
La osa polar no deseará ni diamantes
ni joyas.
Esculpirá el iceberg
para frotarse el pecho en el amplio
paisaje lunar.
Respirará tranquila atenta a sus
congéneres.

La lujuria ansía cuerpos retorcidos.
Nace del defecto innato,

sacude y hiere los brazos.
El elefante no pierde la compostura,
posa sus plantas con dignidad
mientras alza su trompa estriada
en un canto selvático africano.

La gula devora hectáreas.
No tiene fin ni entendimiento.
Es impaciente y cruel.
La zorra no estirará sus colmillos
para comer escombros multitudinarios.
Aparecerá cenceña en el otoño abisal.
Girará su cuerpo ágil y rotundo.

La pereza, heredera de la desidia,
acontece lentamente
como el crepitar del fuego.
Se alimenta de aspereza.
El hipopótamo se desliza en el río,
surge como una roca trabajada,
culmina la mañana con el círculo,
siega las tierras amorosamente.

Ellas no lo harían.

Su silenciosa presencia
pasa inadvertida.

Solo se les usa para lucrarse.

Mas se mantienen limpios
como el chorro de agua de los ríos,
como la diana perfecta y la luna
alumbrada.

Ellas solo son lo que son.
No pretenden cambiar su esencia.
No ansían.
No intercambian
los cromos de la colección.

Grandes.
Luminosas.
Mis maestras.

Índice